Angelika Massenkeil, Pammi Panesar

Window-Color

Bordüren für
das ganze Jahr

ENGLISCH
VERLAG

Die Deutsche Bibliothek - CIP-Einheitsaufnahme

Window-Color – Bordüren für das ganze Jahr / Angelika Massenkeil, Pammi Panesar. – Wiesbaden:
Englisch, 2000
ISBN 3-8241-1027-X

© by Englisch Verlag GmbH, Wiesbaden 2000
ISBN 3-8241-1027-X
Alle Rechte vorbehalten. Nachdruck, auch auszugsweise, verboten.
Fotos: Frank Schuppelius
Printed in Spain

Inhaltsverzeichnis

Vorwort

Mit Bordüren kann man Fenstern auf vielfältige Weise ein neues Aussehen verleihen: Große Fenster können optisch verkleinert werden, die Form kleiner Fenster kann durch eine Bordüre betont werden, und Fenster, für die es keine passenden Gardinen gibt, erhalten durch Bordüren einen Sichtschutz.

Die in diesem Buch vorgestellten Window-Color-Bordüren werden auf Haftfolie (Adhäsionsfolie) gemalt. Sie verbleiben auf der Folie, werden mitsamt der Folie ausgeschnitten und dann auf das Fenster gebracht. Die Haftung der Folie auf den Fensterscheiben ist sehr gut, und das spätere Abnehmen der Bordüren ist kein Problem. Anhand der Vorlagebögen ist das Malen und das eventuell notwendige Verlängern der Bordüren kinderleicht.

Viel Spaß mit Window-Color wünschen

Angelika Massenkeil und
Pammi Panesar

Material und Werkzeug

Window-Color-Farben werden von den diversen Herstellern unter verschiedenen Produktbezeichnungen angeboten. Es handelt sich um eine wasserlösliche Acrylfarbe. In der Regel sind die Farben eines Herstellers untereinander mischbar. Farben von verschiedenen Herstellern sollten jedoch nicht miteinander vermischt werden. Für das Anfertigen der Bordüren benötigen Sie Window-Color-Malfarben und Konturenfarbe.

Tipp: Die Farben werden direkt aus der Flasche aufgetragen, das heißt Sie benötigen keinen Pinsel. Achten Sie beim Kauf darauf, dass die Flaschen gut in der Hand liegen und aus weichem Kunststoffmaterial bestehen, damit Sie nicht so fest drücken müssen.

Im Gegensatz zu Window-Color-Bildern werden die Bordüren direkt auf Window-Color-Haftfolie (Adhäsionsfolie) gemalt. Die fertige Bordüre wird von dieser Folie nicht abgezogen, sondern sie bleibt darauf haften. Wenn die Farbe getrocknet ist, wird die Bordüre an den Außenkanten mitsamt der Folie ausgeschnitten. Diese Spezialfolie ist in den Maßen 35 x 50 und 50 x 70 cm erhältlich. Sie ist 0,15 mm stark.

Weiterhin benötigen Sie:
- Schere
- Holzspieß oder Zahnstocher
- Wattestäbchen
- Küchenkrepp
- Stecknadel zum Zerstechen der Luftbläschen
- wasserfesten Filzstift in Schwarz
- Kreppband
- evtl. Malspitzen für Window-Color-Flaschen
- Lineal

Grundanleitung

Vorbereitung der Folie

Die Spezialfolie ist auf einer beschichteten weißen Pappe angebracht. Schneiden Sie die Folie mit der Pappe grob in der benötigten Größe zu. Heben Sie dann die Folie ab, legen Sie sie auf das ausgewählte Motiv des Vorlagebogens, und schieben Sie zur Stabilisierung wieder die beschichtete Pappe darunter. Damit beim Malen nichts verrutschen kann, kleben Sie Folie und Pappe am besten mit Kreppband auf dem Tisch fest.

Malen der Kontur

Die Flaschenspitze der Konturenfarbe wird – je nach Herstellerangabe – entweder mit einer festen Nadel durchgestoßen oder abgeschnitten. Tragen Sie die Konturenfarbe direkt aus der Flasche auf, indem Sie die Umrisslinien der Vorlage nachziehen. Soll die Kontur sehr fein ausfallen, sollte man eine Malspitze auf die Flasche setzen. Wir haben übrigens bei allen Motiven die Konturenfarbe ohne Malspitze direkt aufgetragen. Beim Auftragen der Kontur wird die Flasche senkrecht nach unten gehalten, und mit leichtem Druck werden die Linien langsam nachgezogen. Die Konsistenz der Konturenmittel ist unterschiedlich. Einige Mittel sind dickflüssig, andere dünnflüssig. Bevor wir mit einer Arbeit beginnen, ziehen wir immer ein paar Probelinien auf einer separaten Folie. Ist das Konturenmittel dickflüssig, drückt man stärker auf die Flasche und zieht die Konturenlinie sehr langsam. Ist das Konturenmittel dünnflüssig, braucht man nur leicht auf die Flasche zu drücken und kann die Linie schneller nachziehen. Kleine Ausrutscher sollten sofort mit einem Wattestäbchen korrigiert werden. Nach dem Trocknen kann die Kontur nicht mehr ausgebessert werden, da sie fest auf der Folie haftet.

Tipp: Gerade Linien, die um die Bordüre herumführen, lassen sich mit Hilfe eines Lineals sehr gut nachziehen. Fast alle Lineale sind an der Zentimeter-Einteilung leicht nach unten abgeschrägt. Wenn Sie das Lineal mit der Rückseite nach oben anlegen, also so, dass man die Maßeinteilung nicht sieht, liegt die Längsseite bedingt durch die Schrägung nicht direkt auf der Folie auf. So kann man die Konturenmittelflasche bequem an dieser Seite entlangziehen, ohne dass der Strich verwischt. Anschließend wird das Lineal vorsichtig wieder abgenommen.

Lassen Sie die Konturen unter Beachtung der Herstellerangaben trocknen. Wir haben festgestellt, dass die Konturen auf der Spezialfolie schneller trocknen als auf den Folien (Prospekthüllen), die sonst zum Malen von Window-Color-Bildern verwendet werden.

Ausmalen der Flächen

Nachdem die Konturen getrocknet sind, werden die Flächen ausgemalt. Auch hierbei wird die Farbe direkt mit der Flasche aufgetragen. Die Farbe sollte nicht zu dünn aufgetragen werden und unmittelbar bis an die Kontur heranreichen. Überprüfen Sie, dass das Farbfeld tatsächlich ausgefüllt ist, sonst wiederholen Sie an der entsprechenden Stelle den Farbauftrag. Dies funktioniert allerdings nur, solange die Farbe noch nass ist, sonst werden angetrocknete Ränder sichtbar. Mit einem Holzspieß oder Zahnstocher schieben Sie die Farbe bis in die Ecken. Malen Sie auf diese Weise Farbfeld nach Farbfeld aus. Schattierungen innerhalb eines Farbfeldes erreicht man durch das Auftragen von 2 oder 3 Farben innerhalb eines Feldes. Mit einem Holzspieß oder Zahnstocher werden die Farben ineinander verzogen. Eventuelle Luftblasen stechen Sie sofort mit einer Nadel auf und tragen an dieser Stelle erneut Farbe auf.

Der letzte Schliff

Zarte Blattadern und sehr feine Linien tragen Sie nach dem Trocknen der Bordüre mit einem wasserfesten schwarzen Filzstift auf. Wenn Sie bereits Bilder mit Window-Color-Farben gemalt haben, sind Sie sicher gewohnt, Zwischenräume mit der Farbe Kristallklar auszumalen, um dem Bild größere Stabilität zu verleihen. Dieser Arbeitsschritt entfällt bei der Verwendung der Spezialfolie, da die Bordüre auf der Folie verbleibt und zusammen mit der Folie an dem Fenster angebracht wird.

Anbringen der Bordüre

Das Anbringen der Bordüre am Fenster ist sehr einfach. Die Bordüre wird mit der Folie ausgeschnitten und auf die Fensterscheibe gedrückt. Nicht die Window-Color-Farbseite wird an die Scheibe gedrückt, sondern die Folienseite. Durch gleichmäßiges Andrücken und Verstreichen der Bordüre auf der Scheibe wird eine gute Haftung erzielt. Auch das spätere Abnehmen der Bordüre ist ganz einfach, denn die Folie lässt sich problemlos bei jeder Temperatur abziehen.

Einige hilfreiche Tipps:

- Richten Sie Ihren Arbeitsplatz bequem ein, sodass das Licht möglichst von links kommt.
- Bewahren Sie die Farbflaschen auf dem Kopf stehend auf, und stellen Sie die Farben, wenn Sie sie während des

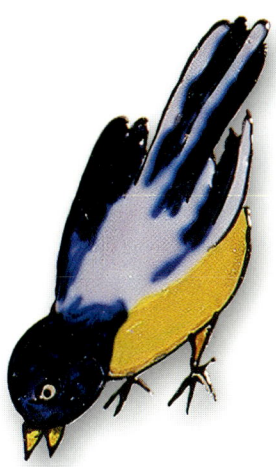

- Um schöne gleichmäßige Konturen zu erhalten, sollten Sie die Malspitze immer nur in eine Richtung führen. Sonst entstehen leicht Teilstücke mit Doppellinien, und die Kontur fällt an diesen Stellen dicker aus als in der übrigen Bordüre. Gleichmäßige Linien erzielt man auch dann, wenn man die Malflasche etwas anhebt.
- Beim Ausmalen der Flächen muss die Farbe unbedingt direkt bis an die Konturlinie geführt werden. Es ist besser, etwas auf der Konturlinie zu malen als eine Lücke zu lassen. Haben Sie auf der Konturlinie gemalt, fällt das am Fenster nicht auf, eine Lücke hingegen schon.
- Die Farbe sollte immer schön dick aufgetragen werden.
- Um zusätzliche Effekte zu erzielen, können Sie Metallicflitter und kleine Glasperlen (Rocailles, Ø 2 mm) in die feuchte Farbe einstreuen.

Malens wechseln, immer auf den Kopf, um Lufteinschlüsse zu vermeiden. Im Hobbyfachhandel ist hierfür ein spezieller Aufbewahrungskasten aus Kunststoff erhältlich.

- Sollte eine Flaschenspitze verstopft sein, stoßen Sie diese mit einer langen Nadel wieder auf.

Bordüren
1. Magnolienast

Material:
- Konturenfarbe in Schwarz
- Window-Color in Weiß, Rosa, Pink, Hellbraun, Hell- und Mittelgrün
- Spezialfolie

Anleitung:

Legen Sie die Vorlage unter die Spezialfolie, und malen Sie zuerst die Umrisse der Bordüre mit der Konturenfarbe. Lassen Sie die Konturenfarbe eine halbe Stunde antrocknen, und malen Sie dann die Blüten in Weiß und Rosa aus. Verziehen Sie die Farbübergänge leicht mit einem Holzspieß oder Zahnstocher. Die Blätter werden mit den beiden Grüntönen ausgemalt, der Stamm mit Braun. Schneiden Sie nach dem Trocknen der Bordüre die Folie entlang der äußeren Konturen aus.

2. Tulpen und Osterglocken

Material:

- Konturenfarbe in Schwarz
- Window-Color in Gelb, Orange, Rosa, Pink, Violett, Hellbraun, Hell-, Mittel- und Dunkelgrün
- wasserfester Filzstift in Schwarz
- Spezialfolie

Anleitung:

Nachdem Sie die Vorlage unter die Spezialfolie gelegt haben, malen Sie zuerst die Umrisslinien der Bordüre mit Konturenfarbe nach. Lassen Sie die Konturenfarbe eine halbe Stunde antrocknen, und malen Sie dann die Blüten und Blätter aus. Die Farbübergänge der Blüten verziehen Sie leicht mit einem Holzspieß oder Zahnstocher. Für die Tulpen verwenden Sie dafür die Farben Rosa, Pink, Violett und Weiß, für die Osterglocken Gelb und Orange. Füllen Sie auch die Blätter und Stängel farbig aus. Wenn die Bordüre vollständig durchgetrocknet ist, zeichnen Sie die feinen Konturen bei Blüten und Blättern mit Filzstift oder mit Konturenfarbe auf und schneiden die Bordüre entlang der äußeren Konturen aus.

3. Osterhasen

Material:
- Konturenfarbe in Schwarz
- Window-Color in Elfenbein, Orange, Hellbraun, Rot, Hell- Mittel- und Dunkelgrün
- wasserfester Filzstift in Schwarz
- Spezialfolie

Anleitung:

Legen Sie die Vorlage unter die Folie, und malen Sie die Umrisslinien der Osterhasen-Bordüre mit Konturenfarbe nach. Ist die Konturenfarbe eine halbe Stunde angetrocknet, malen Sie die einzelnen Farbfelder aus. Um zu verhindern, dass sich die Farben ungewollt miteinander vermischen, malen Sie die Augen erst aus, nachdem das

Braun der Köpfe angetrocknet ist. Nachdem die Bordüre vollständig ausgemalt ist und alle Farben getrocknet sind, malen Sie die Schnurrbarthaare mit Filzstift auf und schneiden die Bordüre entlang der äußeren Konturen aus.

4. Gänsemarsch

Anleitung:

Platzieren Sie die Vorlage unter der Folie, und ziehen Sie die Umrisslinien der Bordüre mit Konturenfarbe nach. Anschließend lassen Sie die Konturenfarbe eine halbe Stunde antrocknen und füllen dann die einzelnen Farbfelder aus. Die Farben der Blüten verziehen Sie mit einem Holzspieß oder Zahnstocher ineinander. Wenn alle Farben gut durchgetrocknet sind, malen Sie die Flügel der Gänse mit Filzstift auf und schneiden die Bordüre entlang der äußeren Konturen aus.

5. Rosen

Material:
- Konturenfarbe in Schwarz
- Window-Color in Orange, Gelb, Hell-, Mittel- und Dunkelgrün
- Spezialfolie

Anleitung:

Legen Sie die Vorlage unter die Folie, und malen Sie zunächst die Umrisslinien der Bordüre mit Konturenfarbe. Die Konturen-farbe sollte eine halbe Stunde antrocknen, bevor Sie die Blütenblätter in Orange und Gelb und die Blätter in den verschiedenen Grüntönen ausmalen. Stellenweise werden Orange und Gelb für die Blüten mit Hilfe eines Holzspießes oder Zahnstochers in-einander verzogen. Orientieren Sie sich dafür an der Abbildung. Nach dem Trock-nen der Farben schneiden Sie die Bordüre entlang der äußeren Konturen aus.

6. Apfelzweig

Material:
- Konturenfarbe in Schwarz
- Window-Color in Weiß, Rosa, Hellbraun, Orange, Hell-, Mittel- und Dunkelgrün
- wasserfester Filzstift in Schwarz
- Spezialfolie

Anleitung:

Nachdem Sie die Vorlage unter Ihre Folie geschoben haben, ziehen Sie die Umrisslinien der Bordüre mit Konturenfarbe nach. Die Konturenfarbe muss eine halbe Stunde antrocknen, bevor Sie die einzelnen Farbfelder mit Window-Color ausfüllen können. Lassen Sie die Farben gut austrocknen, und malen Sie die Konturlinien mit Filzstift auf die weißen Blüten auf. Die Blattadern ziehen Sie mit Konturenfarbe nach. Anschließend können Sie die Bordüre entlang der äußeren Konturen ausschneiden.

7. Clematis

Material:

- Konturenfarbe in Schwarz
- Window-Color in Violett, Pink, Gelb und Mittelgrün
- Spezialfolie

Anleitung:

Nachdem Sie die Vorlage unter die Folie gelegt haben, ziehen Sie zunächst die Umriss- und Gitterlinien der Bordüre mit Konturenfarbe nach. Die Konturenfarbe sollte eine halbe Stunde antrocknen, bevor Sie die Blüten mit Weinrot und Pink ausmalen. Tragen Sie anschließend die Farbe für die Blätter auf. Wenn die Bordüre vollständig durchgetrocknet ist, schneiden Sie die Folie an den äußeren Konturen der Bordüre ab.

8. Hortensien

Material:
- Konturenfarbe in Schwarz
- Window-Color in Hellbraun, Hell- und Dunkelblau, Terracotta, Hell-, Mittel- und Dunkelgrün
- Spezialfolie

Anleitung:

Legen Sie die Vorlage unter die Folie, und malen Sie zunächst die Umrisslinien der Bordüre mit Konturenfarbe. Lassen Sie die Konturenfarbe eine halbe Stunde antrocknen, und malen Sie dann die Hortensienblüten mit Hell- und Dunkelblau, die Blätter in drei Grüntönen und die Töpfe mit Terracotta aus. Nach dem Trocknen der Farben schneiden Sie die Bordüre entlang der äußeren Konturen aus.

9. Kornblumen

Material:
- Konturenfarbe in Grau
- Window-Color in Elfenbein, Weiß, Hell- und Dunkelblau, Hellbraun, Hell-, Mittel- und Dunkelgrün
- wasserfester Filzstift in Schwarz
- Spezialfolie

Anleitung:
Schieben Sie die Vorlage unter die Spezialfolie, und malen Sie die Umrisslinien der Bordüre mit Konturenfarbe nach. Lassen Sie die Konturenfarbe eine halbe Stunde antrocknen, und malen Sie anschließend die einzelnen Blüten und Blätter aus. Ist die Bordüre getrocknet, können Sie die feinen Konturlinien mit Filzstift aufmalen, oder Sie verwenden Konturenfarbe dafür. Zum Schluss wird die Bordüre entlang der äußeren Konturen ausgeschnitten.

10. Wiesenblumen

Material:
- Konturenfarbe in Grau
- Window-Color in Gelb, Orange, Rosa, Pink, Hell- und Dunkelblau, Hell-, Mittel- und Dunkelgrün
- Spezialfolie

Anleitung:

Platzieren Sie die Vorlage unter der Folie, und malen Sie zunächst die Umrisslinien der Bordüre mit Konturenfarbe. Lassen Sie die Konturenfarbe eine halbe Stunde antrocknen, und malen Sie dann die Blüten, Blätter und Stängel aus. Bei den Blüten, bei denen Sie zwei Farben in ein Farbfeld geben, verziehen Sie die Farben mit einem Holzspieß oder Zahnstocher ineinander. Nachdem alle Farben getrocknet sind, schneiden Sie die Bordüre entlang der äußeren Konturen aus.

11. Auf hoher See

Material:

- Konturenfarbe in Schwarz
- Window-Color in Gelb, Orange, Hellbraun, Violett, Pink, Weiß, Hell- und Dunkelblau
- wasserfester Filzstift in Schwarz
- Spezialfolie

Anleitung:

Zunächst legen Sie die Vorlage unter Ihre Folie und ziehen die Umrisslinien der Bordüre mit Konturenfarbe nach. Anschließend lassen Sie die Konturenfarbe eine halbe Stunde antrocknen. Dann können Sie mit dem Ausmalen der einzelnen Farbfelder beginnen. Nachdem die Farben getrocknet sind, zeichnen Sie die feinen Konturlinien des Seesterns mit Filzstift oder mit Konturenfarbe auf. Zum Schluss wird die Bordüre entlang der äußeren Konturen ausgeschnitten.

12. Eisenbahnfahrt

Material:

- Konturenfarbe in Grau
- Window-Color in Weiß, Orange, Gelb, Hellbraun, Elfenbein, Hautfarbe, Grau, Pink, Violett, Hellgrün, Hell- und Dunkelblau
- Spezialfolie

Anleitung:

Legen Sie die Vorlage unter die Folie, und malen Sie zuerst die Umrisslinien der Bordüre mit Konturenfarbe. Lassen Sie die Konturenfarbe eine halbe Stunde antrocknen, und füllen Sie dann die einzelnen Farbfelder mit Window-Color aus. Wenn die Bordüre gut durchgetrocknet ist, tragen Sie die Hautfalten am Rüssel des Elefanten mit Konturenfarbe auf und schneiden die Bordüre entlang der äußeren Konturen aus.

13. Vögel beim Beerenpicken

Material:

- Konturenfarbe in Schwarz
- Window-Color in Rot, Weiß,
  Orangerot, Gelb, Orange, Hautfarben,
  Hell- und Dunkelbraun, Grau,
  Dunkelblau, Hell- und Mittelgrün
- Spezialfolie

Anleitung:

Legen Sie die Vorlage unter Ihre Folie und malen Sie die Umrisslinien der Bordüre mit Konturenfarbe nach. Die Konturenfarbe sollte eine halbe Stunde antrocknen, dann können Sie die Bordüre farbig ausmalen. Vögel und Blätter werden verschiedenfarbig gestaltet, orientieren Sie sich dafür an der Abbildung. Wenn Sie für das Gefieder der Vögel mehrere Farben in ein Farbfeld geben, verziehen Sie die Farben mit Hilfe eines Holzspießes oder Zahnstochers ineinander. Sind alle Farben getrocknet, schneiden Sie die Bordüre entlang der äußeren Konturen aus.

14. Kürbisse und Pilze

Material:
- Konturenfarbe in Schwarz
- Window-Color in Elfenbein, Weiß, Hautfarben, Gelb, Orange, Dunkelbraun, Hell- und Mittelgrün
- Spezialfolie

Anleitung:

Zunächst wird die Vorlage unter die Folie gelegt. Anschließend malen Sie die Konturlinien der Bordüre mit Konturenfarbe. Lassen Sie die Konturenfarbe eine halbe Stunde antrocknen, bevor Sie die einzelnen Farbfelder mit Window-Color ausmalen. Den gelben Kürbis gestalten Sie, indem Sie etwas Braun in die gelbe Farbe geben, und das hellgrüne Blatt erhält einige Lichtflecken mit Elfenbein. Sind die Farben gut durchgetrocknet, können Sie die Bordüre entlang der äußeren Konturen ausschneiden.

15. Helloween-Hexen

Material:
- Konturenfarbe in Schwarz
- Window-Color in Hautfarben, Orange, Schwarz, Dunkelbraun, Dunkelgrün, Violett, Weinrot und Rot
- wasserfester Filzstift in Schwarz
- Spezialfolie

Anleitung:

Schieben Sie die Vorlage unter die Folie, und malen Sie zuerst die Umrisslinien mit Konturenfarbe. Anschließend sollte die Konturenfarbe eine halbe Stunde antrocknen. Nun können Sie die Hexen und die übrigen Farbfelder ausmalen. Bei der Katze sollte ein kleiner Zwischenraum zwischen Gesicht und Körper frei bleiben, damit sich das Gesicht gut abhebt. Malen Sie die Augen erst aus, wenn die Gesichter bereits angetrocknet sind. Auf diese Weise vermeiden Sie, dass sich die Farben ungewollt vermischen. Nach dem Trocknen der Bordüre können Sie die feinen Konturlinien des Kürbisstiels mit Filzstift aufmalen und die Bordüre entlang der äußeren Konturen ausschneiden.

16. Tannenbäumchen

Material:
- Konturenfarbe in Schwarz
- Window-Color in Weiß, Rot, Gelb, Dunkelbraun, Hell- und Mittelgrün
- Spezialfolie

Anleitung:

Schieben Sie die Vorlage unter die Folie, und ziehen Sie zunächst die Umrisslinien der Bordüre mit Konturenfarbe nach. Danach sollte die Konturenfarbe eine halbe Stunde antrocknen, bevor Sie die Tannenbäume und die Kerzen ausmalen. Nach dem Trocknen der Farben schneiden Sie die Bordüre aus.

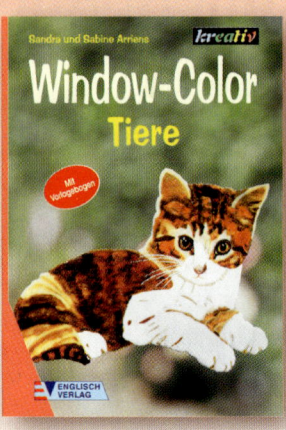